El trabajo de la competencia aprender a aprender en la etapa de Educación Primaria

Ana Araceli López Insua

ISBN 978-1-4092-0217-2

INDICE

INTRODUCCION

A lo largo de este libro se muestra un proyecto relacionado con la electricidad con el objetivo de contribuir al desarrollo de la competencia aprender a aprender en la etapa de Educación Primaria.

A lo largo del desarrollo de la puesta en práctica de estas actividades resultó plausible el desconocimiento inicial por parte de los niños de algo tan común como es la electricidad, pero al mismo tiempo sorprendió el entusiasmo que mostraban no sólo en aprender qué es, sino también cómo funciona y para qué sirve.

Es importante destacar que aunque en un principio los niños tuvieran distintas opiniones acerca de los posibles resultados que pudieran obtenerse ante una determinada actividad, las conclusiones a las que llegaban eran finalmente similares, alegrándose en el caso de que sus razonamientos previos hubieran sido acertados, y asimilando sus errores cuando sus presunciones fueran incorrectas.

De esta forma y de una manera amena y entretenida, contribuimos al desarrollo de la competencia aprender a aprender y fundamentalmente a que los niños sepan emplear los conocimientos, capacidades y estrategias en otras situaciones y extrapolarlas a la vida diaria.

PLANIFICACIÓN DEL PROYECTO

El nombre del proyecto es "Un proyecto alrededor de los circuitos eléctricos en educación infantil", perteneciente al área de medio físico y social y en concreto al entorno natural. La razón de este tema es que me parece fundamental que los niños/as se vayan adentrando en el mundo de los adultos, para así enriquecer su conocimiento y descubran el porqué de las cosas. Además es un tema adecuado para estos niños ya que apenas conocen el tema y nunca han realizado proyectos.

OBJETIVOS:

- Adquirir la capacidad de reconocer las partes de un circuito eléctrico
- Registrar datos en una tabla posteriormente una observación sistemática.
- Distinguir entre materiales conductores y no conductores o aislantes.
- Fomentar normas de seguridad o de ahorro de energía.

CONTENIDOS:

- *Conceptuales:*
    - Componentes básicos del circuito eléctrico: pila, bombilla, cables,interruptor y portalámparas.
    - Materiales conductores y aislantes.
- *Procedimentales:*
    - Manipulación de elementos que constituyen el circuito.

- Observación del funcionamiento de las partes del circuito.
- Realización de predicciones en base a lo que sucederá con los objetos: si son conductores o no.
- Planteamiento de hipótesis en relación a objetos y materiales.
- Sacar conclusiones generalizadas de manera empírica a través de experimentos.
- Capacidad de expresar lo que observan y piensan.

- *Actitudinales.*
  - Gusto por el trabajo en grupo y la colaboración.
  - Respecto por los turnos de palabra y todo lo que ello concierne:
  - Aprender a escuchar, entender que los demás también tienen una opinión y puede ser diferente a la de uno mismo, capacidad de empatía, etc.
  - Valoración de una actitud de respuesta positiva de cara al ahorro energético y de la conservación del medio ambiente, con actitudes de tipo: uso de luz natural frente la luz artificial, apagar las luces siempre y cuando sea necesario.

ACTIVIDADES

Actividad 1: actividad de exploración

En un primer momento presentamos el material a los niños/as:

- Intención educativa: que manipulen el material, que exploren y identifiquen cada uno de los objetos y comiencen a conocerlos por su nombre.
- Materiales: bombilla, pila, cable, interruptor y portalámparas.
- Descripción de la actividad:
  - Actividad en pequeños grupos.
  - Rol del alumno: tomar un primer contacto con los materiales de forma activa.
  - Rol del maestro: observar lo que hacen los alumnos y resolverle posibles dudas que surjan.

Actividad 2: actividad de introducción

Los niños deberán contrastar sus opiniones con la información aportada por la profesora.

- Intención educativa: se pretende que los nidios sean capaces de predecir la utilidad de cada objeto.
- Materiales: bombilla, pila, portalámparas, cable e interruptor.
- Descripción de la actividad:
  - Actividad en gran grupo.
  - Rol del alumno: aportar lo que le sugiere.
  - Rol del profesor: guía el pensamiento del niño.

Actividad 3: actividad de aplicación

En un primer momento se le dan las fichas a los alumnos y se les explica lo que deben hacer.

- Intención educativa: se pretende que los niños asocien el objeto con su nombre.
- Materiales: lápices, colores y ficha.
- Descripción de la actividad:
    - Actividad individual.
    - Rol del alumno: unir cada objeto con su nombre.
    - Rol de maestro: guiar el pensamiento del niño.

Actividad 4: actividad de aplicación

El maestro con la ayuda de los niños/as a crear el circuito. Intención educativa: hacer pensar a los niños de cómo pueden estar los objetos conectados para que se produzca corriente eléctrica y se encienda la bombilla.

- Materiales: corcho. chinchetas, bombilla, cable, portalámparas
- Descripción de la actividad:
  - En pequeños grupos
  - Rol de alumno: experimentar activamente con el circuito y empezar a plantearse como resolver el problema.
  - Rol del maestro: estimular el pensamiento del niño mediante preguntas acentuadoras.

Actividad 5: actividad de aplicación

Llevamos las partes del circuito a la realidad.

- Intención educativa: que los niños asocien el pequeño circuito con el sistema eléctrico de su vivienda.
- Materiales: tomamos como ámbito la observación del propio aula.
- Descripción de la actividad:
  - La actividad será llevada a cabo por toda la clase.
  - Rol del alumno: expresar sus ideas.
  - Rol del maestro: guiar el pensamiento del niño a través de preguntas sugerentes.

Actividad 6: actividad de introducción

Le propongo a los niños que pregunten en casa quien invento la bombilla.

- Intención educativa: que conozcan el inventor de la bombilla.
- Recursos: materiales (libros, enciclopedia), y personales (padres,hermanos).
- Descripción de la actividad:
    - Actividad individual.
    - Rol del alumno: conocer el inventor de la bombilla.
    - Rol del maestro: observar y guiar las aportaciones de los niños.

Actividad 7: actividad de exploración

Consiste en que los niños prueben a conectar en el circuito los objetos para ver si la bombilla enciende o no.

- Intención educativa: se pretende que los niños sean capaces de predecir con que objetos se enciende la bombilla.
- Materiales: circuito, tabla de predicciones y objetos (libro, llaves, corcho y gafas).
- Descripción de la actividad:
  - En pequeños grupos con tablas de predicciones.
  - Rol del alumno: el niño pondrá una x en los objetos que cree que encienden la bombilla.
  - Rol del maestro: observa y guía el procedimiento que los niños hacen

Actividad 8: actividad de aplicación

Los niños/as deberán probar los objetos en el circuito para comprobar si se cumplieron sus predicciones.

- Intención educativa: que comprueben si sus observaciones son las acertadas y que puedan corregirlas para la posterior puesta en común.
- Materiales: circuito, tabla de resultados y objetos.
- Descripción de la actividad:
  - La actividad está estructurada en dos partes. La primera en pequeño grupo para la comprobación de sus predicciones y la segunda en grupo para la puesta en común de sus ideas.
  - Rol del alumno: comprobar y corregir sus datos y aplicar sus datos en la tabla de resultados.
  - Rol del maestro: ayudar a los niños a hacer sus comprobaciones.

Actividad 9: actividad de introducción

Los niños experimentan con nuevos objetos de distintos materiales.

- Intención educativa: los niños/as experimentaran con nuevos objetos para que los niños entiendan que la lámpara encienda no depende del objeto en sí, sino del material de que están hechos.
- Introducción del concepto de material conductor y no conductor.
- Materiales: circuito, nuevos objetos, tabla de predicciones y tabla de resultados.
- Descripción de la actividad:
  - Parte los niños harán una tabla de predicciones con nuevos objetos, para posterior puesta en común en una tabla de resultados donde también deberán asociar los objetos con el material de que están hechos.
  - Rol del alumno: probar con nuevos objetos y cubrir las tablas de predicciones y resultados.
  - Rol del maestro: guía y orienta a los niños/as.

Actividad 10: actividad de aplicación

Los niños/as deberán probar los objetos en el circuito para comprobar si se cumplieron sus predicciones.

- Intención educativa: que comprueben si sus observaciones son las acertadas y que puedan corregirlas para la posterior puesta en común.
- Materiales: circuito, tabla de resultados y objetos.
- Descripción de la actividad:
    - La actividad está estructurada en dos partes. La primera en pequeño grupo para la comprobación de sus predicciones y la segunda en grupo para la puesta en común de sus ideas.
    - Rol del alumno: comprobar y corregir sus datos y aplicar sus datos en la tabla de resultados.
    - Rol del maestro: ayudar a los niños a hacer sus comprobaciones.

Actividad 11: actividad de aplicación

Mediante descripciones de situaciones hare llegar a los niños acciones indebidas y buenas acciones con respecto a la electricidad.

- Intención educativa: se pretende que se den cuenta de que la electricidad puede ser peligrosa y que interioricen las acciones que eso supone.
- Descripción de la actividad:
  - Actividad grupal.
  - Rol del alumno: primeramente prestar atención a la explicación del profesor y luego responder de modo adecuado.
  - Rol del maestro: proporcionarle información al alumno para que la aplique posteriormente.

Actividad 12: actividad de evaluación

Se vuelve a trabajar todo lo anterior como repaso.

- Intención educativa: conocer el nivel de comprensión de los alumnos de todo lo trabajado durante el proyecto.
- Materiales: circuito, elementos del circuito, folios, colores, objetos.
- Descripción de la actividad:
    - Actividades grupales e individuales.
    - Rol del alumno: participar de forma activa en las actividades, realizando explicaciones, predicciones...
    - Rol del maestro: evaluar la comprensión de los niños y el nivel de aprendizaje adquirido.

DESARROLLO DEL PROYECTO

Antes de comenzar con la primera actividad cabe destacar la actitud de curiosidad e interés que mostraban los niños por el proyecto, ya que mientras preparaba el aula y material hachan preguntas y saltaban de lo contentos que estaban. Personalmente creo que se debe a que los niños/as sabían que realizaríamos algo diferente a lo habitual pero sin saber lo que. Antes de comenzar les dije que deberían hablar claro y alto pero sin chillar porque los iba a grabar. Posteriormente se distribuyeron de forma equitativa en tres mesas para que cada grupo tuviese el mismo número de niños/as. Un niño/a de cada grupo se acerco a la mesa donde se encontraba el material y cogió las cintas del color que le correspondas a cada grupo. Entre Gemines y yo le ayudamos a atárselas en los brazos; ellos sorprendidos decían: "Anara, nosotros nunca hicimos así", "oh, como los jugadores de futbol". El rostro de los niños/as mostraba felicidad y sorpresa. Después de haberse colocado los lazos comenzamos con la primera actividad.

ACTIVIDADES

Actividad: actividad de exploración

Los niños/as se van acercando en grupo a la mesa central donde se encuentra el material (dispongo de tantos objetos como numero de niños tiene el grupo, de esta manera todos del grupo pueden manipularlo al mismo tiempo).

El primer grupo en acercarse es el gris, le doy a cada uno de ellos un cable. Antes de realizarle alguna pregunta espero a que ellos mismos intervengan, pero no dicen nada, cogen el cable, lo tocan, lo golpean en la mesa, pero no dicen nada. Luego les pregunto qué es y me dicen que no lo saben.

El grupo gris vuelve para su mesa y inmediatamente sale el grupo rojo todos apresurados. Cogen el cable, lo observan y dicen muy bajo es un cable. Se sientan y se acerca el grupo verde:

- Daniel L."es plano"
- Manuel "si es una cosa plana, yo creo que es un cable".

Entre el grupo deciden que es un cable.

El siguiente objeto en manipular y observar es una pila, digo que salga el primer grupo, pero sale el rojo, entonces comienzan a discutir, por lo Gemines interviene "hay que seguir un orden, debe salir el primer grupo que es el gris". Las aportaciones acerca de la pila son:

Grupo gris: "es una pila, como las de la radio".

Grupo rojo: "un pila es redonda", "es una batería", "si, si una batería".

Grupo verde: todos lo tienen muy claro y afirman

con gran entonación mostrándose seguros de lo que dicen "una pila".

El siguiente objeto es un portalámparas:

Grupo gris: "un tubo", "un enchufe".

Grupo rojo:" un enchufe".

Grupo verde: ninguno de ellos dice nada, le pregunto qué creen lo que es, interviene Manuel: “un tubo para poner aquí en la bombilla, para dar luz", vuelve a concretar y dice: "para poner la bombilla".

Como el corcho y las chinchetas formaban parte para crear el circuito, con función de soporte, se lo enseno y dicen:"el corcho y las chinchetas como los de la clase".

Actividad: actividad de introducción

Antes de comenzar a crear el circuito volví a enseñar los objetos de uno en uno. Comencé por el cable, los que habían acertado opinaban igual, pero el grupo gris seguía sin saberlo, a pesar de que sus compañeros habían dicho un cable, de repente interviene Lucia y dice: "yo sé que se llama cable pero no se para que sirve". Les digo que el cable "es un hilo de metal para conducir corriente eléctrica, en concreto: es por donde va la electricidad, porque para que llegue a nuestras casas desde la fabrica tiene que pasar por algún sitio", y dice Manuel "claro por los cables, por eso hay tantos por la calle". Vuelvo a preguntar y dicen:"para llevar la electricidad", "por donde va la corriente eléctrica".
Enseño otro objeto e inmediatamente dicen todos "bombilla", pregunto para qué sirve: "para dar luz", todos repiten lo mismo.
¿Cómo hay que hacer para que encienda? "pues encender" ¿Dónde? "allí" (señalando el interruptor).
Le digo lo que es y vuelvo a preguntar ¿por donde pasa la electricidad? "por los cables", dicen todos muy decididos. Interviene Diego M. "lo explico yo profesora" y dice "la fabrica tiene y saca electricidad y va por los cables para llegar a casa y que nosotros tengamos luz", interviene Celia "si o sino vivimos en oscuridad". (Al haber dicho Celia esto aprovecho para que los niños hagan suyas hábitos de ahorro de energía):
¿Tenemos que encender siempre la luz?

- Fis: "solo cuando hace falta"
- María: " cuando esta oscura la calle"

Les digo que solo se debe encender la luz cuando es necesario, es decir, cuando la luz natural no es suficiente para leer, ver la tele, cenar.. En relación a la pila, el grupo rojo que había dicho una batería sigue pensando lo mismo, les pregunto ¿no existen pilas de este tamaño?, dicen que no saben, les digo que las pilas las hay de diferentes formas y tamaños, y les pregunto ¿donde se colocan las pilas?, " en los aparatos como la radio, playa satino, los juegos..", dice Grais: "para que enciendan porque necesitan lo que tu dijiste antes", y Clara " es corriente eléctrica que la necesitan para que funcione".

Como ultimo objeto enseño el portalámparas y les propongo que busquen alguno en el aula, inmediatamente dice Arantxa: "en el techo con la bombilla", y Lucía:"para poner la bombilla", les digo que es un casquillo o soporte al que se sujetan las bombillas.

Actividad: actividad de aplicación

Después de que los niños hayan aportado sus ideas sobre los objetos y contrastado la información con la profesora, realizamos una ficha en la que los niños deben unir el objeto con su nombre. Primero colorean los objetos luego repasan las letras y por ultimo unir el objeto con su nombre. Para esta actividad los niños se sientan en el pupitre que ellos eligen y pintan los objetos de los colores que a ellos le sugieren, el comportamiento es bueno manifestándose gran compañerismo hasta rompen las ceras para que haya para todos.

Actividad: actividad de exploración e introducción

Le presento los objetos (bombilla, pila, cable, portalámparas, corcho y chinchetas), y le pregunto ¿qué se puede hacer con estos objetos?

- "encender la bombilla ", dice Ángel

¿*y* cómo?

- "unir todo", Arantxa.

Entre todos lo intentamos y nos distribuimos en grupos. En la mesa se disponen los objetos a un lado y el corcho y las chinchetas al otro, y creamos el circuito. Una vez construido ellos mismos son los que dicen que el circuito no enciende, ¿por qué será?

- Diego C. y Manuel dicen chillando "hay que juntarlos".

Todos prueban a hacerlo y se enciende la bombilla pero hubo que establecer un turno porque se peleaban. A medida que juntaban los cables y se encendía la bombilla corrían a junto Gemines y dicen "ya se encendió, profesora", algunos de ellos hasta saltaban de contentos.

Actividad: actividad de aplicación

Mientras prueban los objetos en el circuito les pregunto sobre con que se puede asociar este circuito eléctrico de clase con el sistema eléctrico de la vivienda.

Al principio parece que no me entienden entonces se lo digo de otra forma: ¿qué cosas de casa necesitan corriente eléctrica para que funcionen inmediatamente? Y los niños/as comienzan a nombrar gran cantidad de objetos "móvil, videojuego, la tele, el ordenador, la plancha, la batidora, el secador, el homo".

Actividad: actividad de introducción

Antes de llevar a cabo esta actividad ya le había preguntado a los niños que preguntasen en casa quien invento la bombilla. Les pregunto por ello y me dicen unos que no se han acordado de preguntar y otros que han preguntado pero se han olvidado. Les digo que fue Edison, entonces dice Celia "si me lo dijo mi padre" y Arantxa "yo se lo pregunte a mi hermano y me dijo eso". Entre todos decimos varias veces Edison para acordarnos.

Actividad: actividad de exploración

Entre todos preparamos el material y el aula (el circuito, los objetos, las tablas de predicciones) y una vez que esta todo colocado y los niños distribuidos en grupos con su correspondiente lazo comienzan a predecir qué ocurrirá con los objetos, cada grupo debe tomar una decisión si al acercar un objeto determinado a los cables se encenderá la bombilla o no.

Los objetos son: corcho, libro, gafas y llaves.

Un representante de cada grupo se levanta y se dirige al encerado donde está la tabla de predicciones y cubrir con unos adhesivos. Las respuestas de las predicciones son las siguientes:

- Corcho: si (grupo gris y verde), no (grupo rojo).
-Gafas: si (todos los grupos).
- Libro: si (grupo gris y rojo) no (verde).
- Llaves: si (rojo) no (grupo gris y verde).

Las predicciones han sido realizadas al azar o según lo que creían que ocurriría pero sin utilizar ningún criterio.

Actividad: actividad de aplicación

Comprobamos en el circuito que objetos encienden y cuáles no. Como todos quieren salir a probar y no escaseamos de tiempo salen todos de cada grupo pero de uno en uno. Después de haber probado cubren las tablas de resultados pero no hacen ninguna reflexión porque unos encienden y otros no.

Actividad: actividad de exploración

Con nuevos objetos (cuchara: madera/metal, bolígrafo: plástico/metal, anillo: oro/plástico y reloj: metal/plástico) que los niños conocen volvemos a hacer predicciones sobre lo que ocurrirá

Las aportaciones de los niños son muy homogéneas:

Cuchara	Madera	Metal
Grupo gris	NO	SI
Grupo rojo	NO	NO
Grupo verde	SI	SI

Reloj	Plástico	Metal
Grupo gris	NO	SI
Grupo rojo	NO	SI
Grupo verde	NO	SI

Después de haber observado que todos los grupos contestaban lo mismo les pregunto: ¿Por qué creéis que el reloj de metal enciende y el de plástico no?, dicen:

- Manuel "porque son diferentes"
- Clara "porque el reloj de plástico es como las tijeras y el de metal como las llaves"
- Lucia "porque están hechas de cosas diferentes", les digo del material y dicen "si de eso"
- María "porque el plástico nunca va encender pero el metal va encender siempre

¿y pasa lo mismo con el anillo y el reloj?:
- Grais "clara porque son diferentes"

¿Probamos?
- Iria "si probamos profesora. ya verás como el

plástico no enciende"

Pero debemos cubrir antes las tablas de predicciones, pero ellos dicen: "no, probamos ya". Yo prefería que cubriesen las tablas de predicciones pero como el interés de los niños/as en ese momento no era ese porque opté en que ellos realizasen lo que les apetecía.

Actividad: actividad de aplicación

Comienzan a probar los objetos, se acerca Manuel con la cuchara de madera y no enciende, le pregunto porque y dice "porque no deja pasar la electricidad". Le digo que pruebe la de metal "si esta enciende, deja pasar la electricidad". Aprovecho la aportación de Manuel para decirles que los que dejan pasar la electricidad son conductores y los que no dejan son no conductores o aislantes. Siguen probando los objetos en el circuito, el reloj de plástico se acerca María y dice "no enciende porque no deja pasar"

¿Qué no deja pasar?

- Fis "la corriente eléctrica".

Una vez terminado de probar los objetos les vuelvo a preguntar ¿porqué unos conducen corriente eléctrica y otros no?

- Clara "porque san de diferente material"
- Diego M. "claro unos como el metal enciende y otros de plástico no"

¿entonces depende del objeto?

- Lucia "no de lo que está hecho, porque la cuchara es la misma solo que una es de una cosa y la otra de otro material"

Y la cuchara ¿encenderá siempre la bombilla?

- Celia "si o no. Depende de cuál sea, si es de madera no y si es de otro como el metal sí".

Después de probar todos los objetos y saber justificar lo que ocurre los niños/as siguen acercando los objetos al circuito por el placer que le produce.

Actividad: actividad de aplicación

A modo de debate discutiremos acerca de las buenas acciones y acciones indebidas sobre la electricidad.

- No se deben colocar las manos ni los dedos en los enchufes.
    - María " si porque yo de pequeña lo hice y me dio calambre".
- ¿Se debe encender la luz de día?.
    - Manuel "si hay claridad no hay que encenderla". De esta manera creamos hábitos de ahorro de energía, además es bueno trabajar con luz natural, sobre todo para los ojos.
- No se debe dejar nada enchufado como el secador, televisión,...
    - Iría "ni la batidora o el ordenador"
    - Diego C. "hay que quitarlo de los enchufes al terminar".
- Cuando tenemos las manos húmedas o mojadas no nos podemos acercar a ninguna fuente de electricidad.
    - Manuel "si porque nos podemos electrocutar".

Actividad: actividad de aplicación

A modo de repaso volvimos a trabajar con los distintos elementos que componen el circuito eléctrico, conocían todos los objetos, únicamente cuando manipulaban el portalámparas, ninguno le
llamaba por su nombre sino que decían "para poner la bombilla", "para sujetar la bombilla".

Les pregunto por su utilidad y dicen:

- Fis "la electricidad sale de la fabrica pasa por el cable y llega a nuestras casas"
- Ángel "otras veces la corriente la da la pila cuando llevamos la radio a la playa".

Posteriormente construimos de nuevo el circuito y probamos con otros objetos que encontramos en el aula: tizas, goma, piezas de construcciones, las latas de colores (plástico/metal).

- Iría "una va encender porque es conductora, la de metal"
- Daniel "la otra no es conductora, es de plástico"
- Celia "la tiza no enciende está hecha de material que no conduce"

Entonces ¿de qué depende para que encienda o no?

- Clara "de lo que está hecho, hay materiales que si encienden y otros no"
- Morfa " el metal enciende porque es conductor y la madera no es conductora".

Después de probar diversos objetos les propongo a los niños/as si
serán capaces de dibujar el circuito, ellos dicen que dicen que sí.

Por ultimo repasamos las adecuadas e indebidas acciones que debemos tener en cuenta sobre la electricidad.

REFLEXION DEL PROYECTO

Me encuentro muy satisfecha con el proyecto, tanto por el grado de motivación e interés que mostraban los niños y niñas como por su comportamiento. Tanto un aspecto como el otro, creo que se debe a la escasez de este tipo de actividades en el aula, tanto referido al tema (la electricidad), como la mitología (grupal), ya que la mayor parte del tiempo realizan trabajos individuales.

Por otra parte también me sorprendió la rapidez de comprensión y reflexión de los niños/as, ya que este tema nunca había sido tratado en el aula ni en otros contextos. Desde el primer momento se percibe que los niños/as tienen conceptos aislados de la electricidad como es el caso de que le llamen enchufe al cable. Pero una vez que ya conocen los objetos saben realizar predicciones, hasta elaboran explicaciones: "la fabrica saca y tiene electricidad y va por los cables para llegar a casa y tener luz".

Esta implicación del tema en los niños también es debida a que ellos participan en la planificación del material y del aula, se sienten útiles, conocen la opinión del otro y la contrastan con la suya. De esta manera realizan sus explicaciones junto con las aportaciones de sus compañeros. Además de esa manera los niños dicen lo que se les ocurre en cada momento, cada vez se muestran más participativos sin pensar en lo que la profesora quiere que digan.

También son ellos los que marcan el ritmo de la actividad hasta decidir lo que hacer en ciertos momentos, ejemplo: cuando se dieron cuenta de que el encender la bombilla no depende del objeto sino del material quisieron dejar de cubrir las tablas de predicciones para probar los objetos en el circuito.

Me seria un poco difícil decir que tipo de actividad le ha gustado más a los niños, porque en todo momento su participación e implicación en el tema fue altísima, hasta en algunos casos se mostraban nerviosos antes de probar el objeto en el circuito para ver lo que ocurría.

Lo que sí puedo decir es que las actividades menos motivadoras han sido las fichas, algo que puede ser debido a que las realizan habitualmente de forma individual sin expresar su opinión y conocer la de sus compañeros. Además que no implica la actividad de moverse, reflexionar, abstraer, ni existe un contacto directo con la actividad a trabajar.

En definitiva, personalmente después de llevar a cabo este pequeño proyecto pienso que la base fundamental para desarrollar el intelecto del niño son las actividades en las que el propio niño elabora sus explicaciones, en donde la conducta física del niño tiene gran protagonismo de manera que contribuye a una mejor comprensión del mundo. Además al interactuar el niño con las cosas apoya su aprendizaje siendo este más significativo, ya que los niños necesitan experimentar ellos mismos en un momento en que se están creando sus aptitudes ante ella, ya que estas pueden tener una influencia importante el resto de sus vidas. Desde mi punto de vista no es que tenga una concepción negativa de las fichas, lo que sí creo es que realizar todo el tiempo fichas no ayuda al desarrollo integral del niño.

Creo que se debe trabajar alternando diferentes actividades, desde fichas, a actividades exploratorias, proyectos, creaciones, siendo una buena maestra realizando y redactando material en función de los niños con los que se va a trabajar, siendo conscientes de que un grupo de niños/as no se volverá repetir.

www.ingramcontent.com/pod-product-compliance
Ingram Content Group UK Ltd.
Pitfield, Milton Keynes, MK11 3LW, UK
UKHW041915190726
13854UKWH00003B/1261

9 781409 202172